U0065249

こんにちは
你好 ④ 課本

國中小學
高中職　　適用的第二外語教材
社區大學

東吳大學日文系

陳淑娟教授　著

給同學們的話

親愛的同學們：

　　歡迎來到新學期的日語教室！已進入了第 4 冊，日語不只會說，也能聽、讀、寫了吧？同時，自己能用日文上網，查尋新的資訊、新單字、新用法，是不是更增長知識了呢？這就是我們一向共同的目標！使用這本新書，繼續好好地跟著老師學習，並在教室中與同儕們，或日本朋友們用日語進行互動，那麼再經過這一冊的學習之後，日語文能力就可以再往上升一級了！

　　第 4 冊的程度又更進階一點喔！不過跟以前一樣，上課前首先還是請同學們仔細看每一課的「學習目標」與「自我評量」。看看「學習目標」，先有心理準備在這一課到底要學什麼。而上完了一課，大家要做做「自我評量」喔，也就是為自己打個分數，累積越多 5 顆星（滿分），那麼你就能越快達成目標了！萬一，有些項目未達 5 顆星，沒關係，可以自己再多做練習，多聽 MP3 音檔，直到精熟、自評滿分為止。

　　在這一冊裡，我們將準備赴日訪問之前該學會的日文或知識，包括肢體語言表達法、日本學校活動有哪些、風土民情、如何避免意外、如何防災等。如此一來與日本姊妹校的朋友就可以更深入地互動了。期待同學們透過這學期的學習，都會查詢不懂的日文，也能更自在地使用日文。另外，希望各位同學們要克服害羞的心理，熱誠勇敢地互相鼓勵達成任務。

　　跟以前一樣，同學們在課堂中一定要跟著老師做各種小組的討論、發表等活動，才能自然地使用日文。除此之外，第 4 冊也有閱讀，以及句型講解、書寫表達練習。雖然文章越來越長了，但訣竅是每天多聽 MP3 音檔跟著唸，不管是口說或書寫，就都能跟日本人溝通無礙了。不過還是提醒同學們，多聽日語，多讀日文，隨時使用日文，學完這一冊，你就是一個更高竿的日語高手了！同學們！加油囉！

陳欣如 敬言

2020.2.12.

目次

日本を訪問する準備

にほん　ほうもん　じゅんび

學習目標

1. 能透過電子信函告知日本朋友訪日事宜。

2. 能調查日本人所喜歡的禮物並說明原因。

3. 能上網查詢各種版本的資訊，並且思考、整理後以日語發表。

- 聞いてみよう
　き

- 語句と表現
　ご く　　ひょうげん

- やってみよう
　①最強禮物排行榜
　②寫信給日本朋友告知赴日
　③送禮須知

- 読んでみよう
　よ

- ポートフォリオにいれよう

聞_きいてみよう

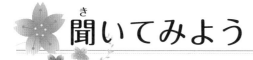

聽聽看

1. 詢問禮物資訊

2. 學做珍珠奶茶

3. 赴日準備

4. 赴日前聯絡友人

語句と表現 🔊02

〔聞いてみよう〕

1. ドライマンゴー
2. 肉製品
3. 生
4. 普段
5. 喜ぶ
6. 並ぶ
7. 準備

8. クレジットカード
9. 台湾元
10. ドル
11. 両替
12. サマーキャンプ
13. 自由行動

〔やってみよう〕

1. デザインがいい
2. ヘルシーだ
3. 色が鮮やかだ
4. 柄が特別だ
5. 使いやすい
6. ランキング

7. ベスト 5
8. 第 1 位
9. 宿泊先
10. 都合がいい
11. 夕方
12. 空いている

13. ハンカチ

14. タオル

15. 贈_{おく}る

16. お葬式_{そうしき}

17. 涙_{なみだ}を拭_ふく

18. 時計_{とけい}

19. 縁起_{えんぎ}が悪_{わる}い

20. 傘_{かさ}

21. 別_{わか}れる

22. スカーフ

23. 結婚_{けっこん}

24. お祝_{いわ}い

25. ライター

26. 火事_{かじ}

27. 連想_{れんそう}する

 やってみよう <section> 🔊 03

①最強禮物排行榜

人気（にんき）のある理由（りゆう）：

デザインがいいから、新（あたら）しい商品（しょうひん）、ヘルシー、色（いろ）が鮮（あざ）やか、柄（がら）が特別（とくべつ）、新（しん）鮮（せん）、有名（ゆうめい）

台湾（たいわん）のよりおいしい、安（やす）い、使（つか）いやすい、台湾（たいわん）にない、かっこいい、かわいい

発表例：

　私たちは日本人に人気のあるお土産ランキングを調べました。ホームページによって、情報がちょっと違いますが、私たちの意見で整理しました。では、ベスト 5 を発表します。

　　まず第5位は＿＿＿＿＿＿＿＿です。理由は＿＿＿＿＿＿＿、＿＿＿＿＿＿＿、
＿＿＿＿＿＿＿です。

　　そして第 4 位は＿＿＿＿＿＿＿です。理由は＿＿＿＿＿＿、
＿＿＿＿＿＿、＿＿＿＿＿＿＿です。

　　第 3 位は＿＿＿＿＿＿＿です。理由は＿＿＿＿＿＿、＿＿＿＿＿＿、
＿＿＿＿＿＿＿です。

　　第2位は＿＿＿＿＿＿＿です。理由は＿＿＿＿＿＿、＿＿＿＿＿＿、
＿＿＿＿＿＿＿です。

　　いよいよ第 1 位です。第 1 位は＿＿＿＿＿＿＿です。理由は
＿＿＿＿＿＿、＿＿＿＿＿＿、＿＿＿＿＿＿＿です。

　　発表は以上です。ありがとうございました。

②寫信給日本朋友告知赴日

例

To	japanf@email.com
From	abc@email.com
件名 （けんめい）	佳恩です。日本へ行きます。 （にほん）（い）

恵美ちゃん
（えみ）

こんにちは。士林高校の林佳恩です。お元気ですか？
（しりんこうこう）（げんき）
4月20日から4月25日まで家族で東京へ行きます。ＡＢＣホテル
（しがつ）（はつか）（しがつにじゅうご にち）（かぞく）（とうきょう）（い）（エービーシー）
に泊まります。
（と）
ぜひ恵美ちゃんに会いたいです。都合がいい日はありますか？
（えみ）（あ）（つごう）（ひ）
お返事、待っています。
（へんじ）（ま）

林佳恩

回信：

To	abc@email.com
From	japanf@email.com
件名 けんめい	Re: 佳恩です。日本_{にほん}へ行_いきます。

佳恩ちゃん

お久_{ひさ}しぶりです。

メール、ありがとうございます。

私_{わたし}もぜひお会_あいしたいです。

4月_{しがつ}22日_{にじゅうににち}の夕方_{ゆうがた}から空_あいています。佳恩ちゃんはどうですか。

よければ、ホテルまで迎_{むか}えに行_いきます。一緒_{いっしょ}に夜_{よる}ご飯_{はん}を食_たべましょう。

恵美_{えみ}

③送禮須知

・ハンカチやタオルを贈^{おく}ってはいけません。どうしてでしょうか。

　→ お葬式^{そうしき}や別^{わか}れの時^{とき}、涙^{なみだ}を拭^ふくものだからです。

・時計^{とけい}を贈^{おく}ってはいけません。どうしてでしょうか。

　→ 縁起^{えんぎ}が悪^{わる}いからです。中国語^{ちゅうごくご}では「送鐘」は「送終」と同^{おな}じ発音^{はつおん}で、死者^{ししゃ}を見送^{みおく}るという意味^{いみ}です。

・傘^{かさ}を贈^{おく}ってはいけません。どうしてでしょうか。

　→ 中国語^{ちゅうごくご}では「傘」は「散」と同^{おな}じ発音^{はつおん}で、別^{わか}れるという意味^{いみ}だからです。

・スカーフを贈ってはいけません。どうしてでしょうか。

→ _____ 。

発表例：

　皆さん、こんにちは。今日は贈ってはいけないプレゼントについて発表します。日本ではライターを贈ってはいけません。どうしてでしょうか。分かる人は手を挙げてください。

→ 火事を連想させるからです。

正解です。or 違います。

日本へ行く前の気持ち

　来月の下旬に日本へ短期留学することになりました。今、とてもワクワクしています。でも、海外へ行くのは初めてなので、とても不安です。日本へ行く前に、いろいろ調べなければいけないし、荷物の準備もしなければいけません。

　まず、日本人の友達の幸ちゃんにメールをします。ホームステイ先の住所と電話番号を伝えたほうがいいと思います。

　それから、ホストファミリーのお父さんとお母さんにあげるお土産を買います。何か台湾のおいしいものを贈りたいです。

　そして、ホームステイ先の周りの環境を知りたいです。学校までの距離を知っていると、安心だからです。

　それに、もっともっと日本語を勉強しなければいけません。だから、もう一度復習しておきます。日本人の家に行ったら、どう挨拶するかなど、日本の習慣も知っておいたほうがいいと思います。失礼になってはいけませんから。でも、前にスカイプで、ホストファミリーのお父さんとお母さんに会ったとき、「日本語のことは心配しなくてもいいよ。」とやさしく言ってくれたから、安心しました。

　クラスメートたちはみんな羨ましいと言っています。やはり、日本に行ける私は幸せです。そして、いろいろ準備してくれる両親に感謝しています。心配をかけないようにしたいです。

単語：短期留学（短期留學）／ワクワクする（心動）／距離（距離）／安心（安心）／失礼（失禮）／幸せ（幸福）／心配をかける（使別人擔心）

ポートフォリオにいれよう

①最強禮物排行榜

「最強禮物排行榜」學習單

人気ランキング	お土産	理由 1	理由 2	理由 3	理由 4
1					
2					
3					
4					
5					

②寫信給日本朋友告知赴日

To	
From	
件名	

③送禮須知

「送禮須知」學習單

	誕生日（たんじょうび）	贈ってはいけないもの（おく）	理由（りゆう）
台湾（たいわん）			
	結婚のお祝い（けっこん いわ）	贈ってはいけないもの（おく）	理由（りゆう）
	お見舞い（みま）	贈ってはいけないもの（おく）	理由（りゆう）
日本（にほん）	誕生日（たんじょうび）	贈ってはいけないもの（おく）	理由（りゆう）
	結婚のお祝い（けっこん いわ）	贈ってはいけないもの（おく）	理由（りゆう）
	お見舞い（みま）	贈ってはいけないもの（おく）	理由（りゆう）

ポートフォリオにいれよう

自我評量：（請用星星數量 1-5 表達自己的學習成果，並寫下理由。）

❶ 我能透過電子信函告知日本朋友訪日事宜。

☆ ☆ ☆ ☆ ☆

理由：

❷ 我能調查日本人所喜歡的禮物並說明原因。

☆ ☆ ☆ ☆ ☆

理由：

❸ 我能上網查詢各種版本的資訊，並且思考、整理後以日語發表。

☆ ☆ ☆ ☆ ☆

理由：

 Note

Unit 2 ノンバーバル

 學習目標

1. 能認識日本人適當的肢體語言，並學會表達。
2. 能調查並整理比較鄰近國家的肢體語言異同。
3. 能善用容易溝通的肢體語言。

- 聞いてみよう
- 語句と表現
- やってみよう
  ①肢體數字比賽
  ②台日手勢大不同
- 読んでみよう
- ポートフォリオにいれよう

聞<ruby>き</ruby>いてみよう

 05

聴聴看

1. 盛裝的顏色

2. 日語溝通訣竅

3. 筷子禮儀

4. 招手示意

語句と表現 🔊 06

〔聞いてみよう〕

1. ワンピース

2. 結婚式に招待される

3. 黒い

4. 黒っぽい

5. 赤

6. ピンク

7. 明るい色

8. 選ぶ

9. 正式な場

10. 制服

11. ちょっと

12. 誤解する

13. お箸

14. 掴む

15. 気にしない

16. お待たせしました

17. 道に迷う

18. 手を挙げる

19. なかなか

20. 停まる

21. 大声

22. やっと

23. アイコンタクト

〔やってみよう〕

1. ジェスチャー

2. 通してください

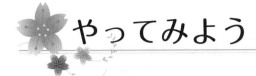 やってみよう

①肢體數字比賽

・日本では 1 から 10 までのジェスチャーをどう表<ruby>表<rt>あらわ</rt></ruby>しますか。

②台日手勢大不同

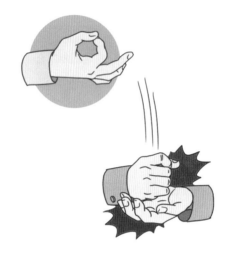

・OＫ<ruby>オーケー</ruby> です。

・はい。どうぞ。

・いただきます。

　→ ごちそうさまでした。

・すみません、通<ruby>とお</ruby>してください。

・いえいえ。

・分<ruby>わ</ruby>かりました。

 読んでみよう 08

ノンバーバルコミュニケーション（non-verbal communication）の大切さ

　世界中の人々は、言語と非言語を使ってコミュニケーションをとっています。その中で、非言語のノンバーバルの方は言語以上の役割をしています。ですから、外国へ行って言葉が分からなくても、ノンバーバルコミュニケーションで気持ちを伝え合うことができます。

　ノンバーバルコミュニケーションでは、例えば、笑顔などの表情、態度、視線、身振り手振りなどで気持ちを伝えます。また、声を大きく、はっきり発音することもいいことです。さらに、場面に合った服装も大切です。

　しかし、身振り手振りなどのジェスチャーは世界共通ではありません。

文化によって違うので、それを学ぶのはとても面白いです。例えば、多くの地域では左手で握手をしてはいけません。

　これから、ロボットが人間に代わって、外国語のコミュニケーションをしてくれる時代が来ます。しかし、笑顔、友好的な態度、視線のコミュニケーションなどはやはり、人間でなければできません。ノンバーバルコミュニケーションは人間だからこそできる素敵な魔法です。

単語：ノンバーバル（non-verbal、肢體語言）／コミュニケーション（communication、溝通）／大切さ（重要性）／言語（verbal、語言）／非言語（non-verbal、非語言）／役割（功用）／伝え合う（互相傳達）／笑顔（笑臉）／表情（表情）／態度（態度）／視線（視線）／身振り手振り（比手畫腳）／伝える（傳達）／声を大きく、はっきり発音する（提高聲量・清楚發音）／場面にあった服装（適合場面的服装）／世界共通（世界共通）／地域（地區）／人間（人類）／代わって（代替）／友好的（友善的）／魔法（魔法）

ポートフォリオにいれよう

自我評量：（請用星星數量 1-5 表達自己的學習成果，並寫下理由。）

❶ 我能認識日本人適當的肢體語言，並學會表達。

☆ ☆ ☆ ☆ ☆

理由：

❷ 我能調查並整理比較鄰近國家的肢體語言異同。

☆ ☆ ☆ ☆ ☆

理由：

❸ 我能善用容易溝通的肢體語言。

☆ ☆ ☆ ☆ ☆

理由：

日本人中高生の家庭生活
にほんじんちゅうこうせい　かていせいかつ

 學習目標

1. 能適切表達與接待家庭見面時的應對禮節。

2. 於餐桌上能聽懂接待家庭人員的詢問並適切對應。

3. 對於聽不清楚的部分能進一步詢問或再確認。

4. 能詢問如何去某地點。

- 聞いてみよう
  き

- 語句と表現
  ご　く　　ひょうげん

- やってみよう
  ①餐桌上的對話
  ②問路

- 読んでみよう
  よ

- ポートフォリオにいれよう

聞いてみよう

 09

聽聽看

1. 到了接待家庭

2. 吃飯了

3. 使用浴室

4. 市民中心怎麼去

語句と表現

〔聞いてみよう〕

1. 遠慮しないで
2. お邪魔します
3. お皿をテーブルに並べる
4. 服を脱ぐ
5. 洗濯物
6. かごに入れる
7. 湯舟に浸かる
8. ドライヤー

9. 引き出し
10. 自由に使う
11. ごゆっくり
12. 市民センター
13. バスに乗る
14. バス停で降りる
15. 紙に書こう

〔やってみよう〕

1. 肉じゃが
2. サラダ
3. 卵焼き
4. カレー
5. 焼き魚

6. 麦茶
7. 辛いもの
8. アレルギー
9. まっすぐ行く
10. 1つ目

11. 角（かど）

12. 右（みぎ）に曲（ま）がる

13. 銀行（ぎんこう）

14. 信号（しんごう）

15. 本屋（ほんや）

16. パン屋（や）

17. 花屋（はなや）

18. 地下鉄（ちかてつ）

19. 電車（でんしゃ）

20. もう一度（いちど）お願（ねが）いします

21. ショッピングセンター

①餐桌上的對話

・「台湾ではさしみを食べますか。」（味噌汁／肉じゃが／サラダ／卵焼き／カレー／焼き魚／チャーハン／辛いもの）

　→「はい、食べます。」or「いいえ、食べません。」

・「台湾では麦茶を飲みますか。」（冷たい水／コーヒー／紅茶）

　→「はい、飲みます。」or「いいえ、飲みません。」

・「さしみはどうですか。」

　→「好きです」、「大好きです」、「食べません」、「食べられません」、「ちょっと苦手です」、「大丈夫です」。

→「家でもよく食べます」、「台湾にもあります」、「食べたことがあり
　ません」、「ちょっと苦いから苦手です」、「アレルギーなので食べら
　れません」、「家では食べません」、「食べる習慣がありません」。

例 1

A：辛いものはどうですか。

　　（味噌汁、肉じゃが、サラダ、卵焼き、カレー、焼き魚）

B：大丈夫です。家でもよく食べます。（好き、大好き）

例 2

A：サラダはどうですか。

B：食べる習慣がないから、ちょっと苦手です。

（ちょっと辛いから、アレルギーだから／食べられません）

例 3

A：さしみはどうですか。

B：食べたことがありませんが、少し食べてみます。

②問路

例 1

A：すみません、市民センターへ行きたいんですが……。

B：市民センターですか。

・まっすぐ行って下さい。

・初めの角を右に曲がってください。（1つ目の、2つ目の／左）

・バス停があります。（公園、駅、学校、銀行、信号、コンビニ、本屋、パン屋、花屋）

・歩いて3分です。

・バスに乗ってください。（地下鉄、電車、MRT）

・新宿駅で降ります。

・「中山8丁目」で降りるとすぐです。

（聽不懂時）

・「市民センター？」、「中山8丁目？」、「MRT？」

・「市民センターって？」

・「もう一度お願いします。」、「ゆっくりお願いします。」、「書いてもらえますか。」

例 2

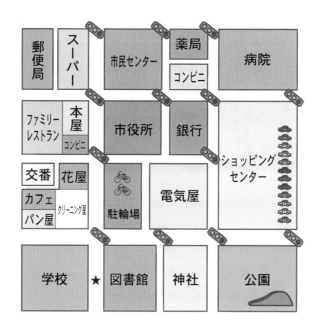

A：すみません、ショッピングセンターへ行きたいんですが……。

B：えーと、そこの角を右に曲がって、2つ目の信号のところに公園があります。

A：あのう、右に曲がって……すみません、もう一度お願いします。

B：右に曲がって、2つ目の信号のところに、公園があります。

A：はい。

B：その公園の前です。

A：はい、分かりました。ありがとうございます。

僕の留学生活

約1年間の日本留学から帰ってきて、もうすぐ1ヶ月になります。

去年の8月、生まれて初めて飛行機に乗って、日本へ行きました。

東京はとても暑くて、台湾と同じだと思いました。9月から、長野県の

高校に通いました。最初は先生の話す日本語があまり理解できなくて、

授業のときとても緊張していました。休み時間も、クラスメートと何を

話したらいいか分かりませんでした。でも、そんなとき、いつも誰かが「こ

の学校に慣れた?」とか「台湾にもこのゲーム、ある?」などと話しかけ

てくれました。おかげで、みんなとすぐ仲良くなれて、うれしかったです。

僕の通っていた高校は、山の中にあって、とても自然がきれいなと

ころでした。しかし、冬になると、寒くて、台湾に帰りたくなりました。寒

かったけど、雪景色はとてもきれいでした。冬の一番の思い出は友達とスキーに行ったことです。スキー場はとても広くて、にぎやかでした。友達はみんな、スキーが上手でした。ある友達が、「長野の人は、みんな子どものときからスキーをやっているよ」と言っていました。僕は最初、ちょっと怖くて、ゆっくり滑っていましたが、慣れてくると、だんだん楽しくなってきました。

　学校でも、学校以外でも、僕はできるだけ友達と一緒に行動しました。半年ぐらい経ったころから、日本語もたくさん聞き取れるようになってきました。上手に話すことはまだ難しいですが、僕が日本語で冗談を言うと、みんな笑ってくれました。

　充実した留学生活は、たくさんの友達に囲まれた毎日でした。

単語：日本留学（留學日本）／生まれて初めて（生平第一次）／飛行機（飛機）／高校に通う（到高中上學）／理解する（理解）／緊張する（緊張）／慣れる（習慣）／雪景色（雪景）／スキー（滑雪）／滑る（滑）／行動する（行動）／経つ（經過）／聞き取れる（聽懂）／冗談（開玩笑）／充実する（充實）／囲まれる（被包圍）

ポートフォリオにいれよう

①餐桌上的對話

「～はどうですか」學習單

名前	食べ物	好き or 嫌い	理由と反応

②問路

（同學依課本上的圖與說法，詢問或回答）

1. スーパー

2. 一番近くのコンビニ
   <ruby>いちばんちか</ruby>

3. 病院
   <ruby>びょういん</ruby>

4. 本屋
   <ruby>ほん や</ruby>

5. 薬局
   <ruby>やっきょく</ruby>

6. 郵便局
   <ruby>ゆうびんきょく</ruby>

ポートフォリオにいれよう

自我評量：（請用星星數量 1-5 表達自己的學習成果，並寫下理由。）

❶ 我能適切表達與接待家庭見面時的應對禮節。

☆ ☆ ☆ ☆ ☆

理由：

❷ 我於餐桌上能聽懂接待家庭人員的詢問並適切對應。

☆ ☆ ☆ ☆ ☆

理由：

❸ 我對於聽不清楚的部分能進一步詢問或再確認。

☆ ☆ ☆ ☆ ☆

理由：

❹ 我能詢問如何去某地點。

☆ ☆ ☆ ☆ ☆

理由：

 Note

がっこうぎょうじ
学校行事

 學習目標

1. 樂於參與日本學校所舉辦的活動。

2. 能觀察日本學生所喜愛的活動。

3. 對於各種活動的規則不僅能夠詢問，並能要求說明。

4. 能表達自己的建議，或說明台灣的活動模式。

- 聞いてみよう
   き

- 語句と表現
   ご く　　ひょうげん

- やってみよう
   ①國高中生攝影比賽
   ②台日運動會比一比
   ③解憂加油站
   ④那一年的光輝往事

- 読んでみよう
   よ

- ポートフォリオにいれよう

聞いてみよう

⑬

聽聽看

1. 學攝影

2. 聊社團

3. 聊學校活動

4. 手工御守

語句と表現 🔊⑭

〔聞いてみよう〕

1. カメラ

2. 映像学科

3. 作品展

4. 空

5. 美術

6. 建築

7. 眠そうだ

8. 吹奏楽部

9. コンクール

10. 文化祭

11. 演劇

12. 披露する

13. たこ焼きの店を出す

14. おもしろそう

15. マラソン大会

16. 走らなきゃいけない

17. 苦しい

18. お守り

19. 夏

20. レギュラー

21. プレゼントしてくれる

22. 応援する

23. 気持ちが込められている

24. 絶対

25. 優勝する

〔やってみよう〕

1. 夕日が沈む

2. 癒される

3. フォークダンス

4. 輪になる

5. 恥ずかしい

6. 悩み

7. 眠れない

8. ドッジボール

①國高中生攝影比賽

例 1

A：私はこの写真を選びました。

B：①どうしてこの写真を選びましたか。

A：きれいだからです。（絵みたいだからです。）

B：②この写真を撮った人はどんな人だと思いますか。

A：北海道の人だと思います。（野球選手だと思います。）

B：③この写真が伝えたいことは何だと思いますか。

A：自分の町の魅力だと思います。（動物の面白さだと思います。）

・「キャンパス」、「空」、「新しい出会い」

例 2

A：いつ撮りましたか。

B：先週の日曜日に撮りました。（夕方に撮りました。）

A：この写真のいいところはどこですか。

B：色がきれいなところです。（癒されるところです。）

A：どうしてこのテーマにしましたか。

B：夕日がきれいだったからです。（ここをみんなに紹介したいからです。／
　　雰囲気が良かったからです。／なんとなくです。）

発表例：

これは放課後、5時ごろ撮った写真です。

ここはどこか、皆さんすぐ分かりますね。学校からの景色です。

ちょうど夕日が沈む瞬間です。

色がやさしくて、きれいです。

一日の勉強で疲れた時、癒されると思います。

皆さんはどう思いますか。

②台日運動會比一比

台湾<ruby>台湾<rt>たいわん</rt></ruby>：田徑賽（陸上競技<ruby><rt>りくじょうきょうぎ</rt></ruby>）・100公尺（百メートル走<ruby><rt>ひゃく　　　　　　　　そう</rt></ruby>）・接力賽（リレー）・拔河（綱引き<ruby><rt>つな　ひ</rt></ruby>）・跳高（高飛び<ruby><rt>たか　と</rt></ruby>）・跳遠（はば跳び<ruby><rt>　　　　　と</rt></ruby>）・鉛球（砲丸投げ<ruby><rt>ほう　がん　な</rt></ruby>）

日本<ruby><rt>にほん</rt></ruby>：「綱引き<ruby><rt>つな　ひ</rt></ruby>」・「リレー」・「玉入れ<ruby><rt>たま　い</rt></ruby>」・「障害物競走<ruby><rt>しょうがいぶつきょうそう</rt></ruby>」・「マスゲーム」・「応援団<ruby><rt>おうえんだん</rt></ruby>」・「二人三脚<ruby><rt>に にんさんきゃく</rt></ruby>」・「棒倒し<ruby><rt>ぼうたお</rt></ruby>」・「騎馬戦<ruby><rt>き　ば　せん</rt></ruby>」

③解憂加油站

・「悩んでいること」

例

「夜、なかなか眠れない」に対して、次のようなアドバイスを考えました。

・いつも運動していますか。昼にたくさん運動するとよく眠れますよ。

・寝る前に温かいミルクを飲むのはどうですか。

・夜遅くまでゲームやインターネットをしていませんか。寝る前はテレビやパソコンを見ないほうがいいですよ。

・悩みがあるなら、1人で悩むのではなく、親友に話してみたら、どうですか。

・何か悲しいことがありましたか。1人でいると、考えすぎてしまうので、人と話したり、好きなことをやってみたら、どうですか。

　私たちからのアドバイスは以上です。夜、眠れないのはとても大変だと思います。よかったら、試してみてください。

④那一年的光輝往事

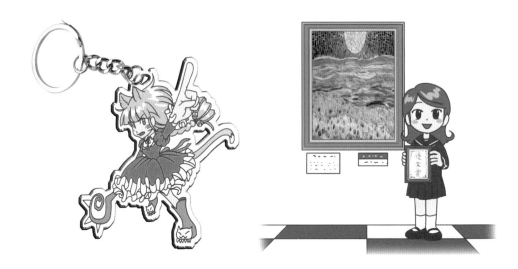

例

A：いつの写真ですか。

B：小学生の時の写真です。（中学生）

A：何をしているところですか。

B：ドッジボールをしているところです。（野球の試合／演奏）

A：場所はどこですか。

B：学校のグラウンドです。（市民球場／コンクールの会場）

A：どうして一番印象的ですか。

B：みんなで一生懸命頑張ったからです。

（優勝したからです。／初めての舞台だったからです。／賞をもらったからです。）

発表例：

これは高校一年生の文化祭の時の写真です。

私たちはマンガクラブで店を出しました。

私たちが作ったキーホルダーがたくさん売れました。

みんながかわいいって言ってくれて、嬉しかったです。

読んでみよう 🔊⑯

部活の発表会

　先週の土曜日に、私が所属している吹奏楽部の定期演奏会があり
ました。私は中学生のときからブラスバンドに入っていたので、演奏会
は何回か経験があります。でも中学ではトランペットという楽器を担
当していました。私は今回初めて、みんなの前でチューバを演奏しまし
た。

　当日はたくさんのお客さんが聞きにきてくれました。その中に、クラ
スメートで、台湾からの交換留学生の林欣華さんもいました。演奏し
た曲の中に、リンちゃんが知っている曲もあったそうです。演奏会のあ
とで、リンちゃんがかわいい花束と、カードをくれました。カードには「部
活と勉強の両立、がんばってね」と書いてありました。とてもうれしかっ

たです。

　部活の練習は月曜日から金曜日の放課後です。先輩と一緒に同じメロディーを何回も吹いたり、楽譜の読み方を教えてもらったりしています。演奏会の前には、他の楽器と一緒に、音を合わせて練習します。指揮者の先生の合図で演奏を始めて、みんなの音がきれいに重なったときは、とても感動します。週末もときどき部活があります。家に帰ったあと、とても疲れていて、宿題ができないこともあります。でも、私は音楽が大好きですし、みんなが頑張っている私を応援してくれるから、高校 3 年間、絶対に続けたいです。そして、いつも励ましてくれる人たちへの感謝をこめて、演奏したいです。

単語：吹奏楽部（管樂社）／ブラスバンド（管樂隊）／トランペット（小喇叭）／チューバ（低音號）／演奏する（演奏）／両立（兼顧）／メロディー（旋律）／楽譜（樂譜）／音を合わせる（合音）／音がきれいに重なる（音色和諧）／感動（感動）／励ましてくれる（鼓勵我）

ポートフォリオにいれよう

②台日運動會比一比

「台日運動會比一比」學習單

競技名 （きょうぎめい）	説明 （せつめい）	気付いたこと （きづ）	台湾の（たいわん） 学校に（がっこう） あるか
例 フォークダンス	参加者全員（さんかしゃぜんいん）が輪（わ）になって、音楽（おんがく）に合（あ）わせて踊（おど）ります。男女（だんじょ）のペアで踊（おど）りますが、踊（おど）っていくにつれて、相手（あいて）が次々（つぎつぎ）に代（か）わります。	男女（だんじょ）のペアで踊（おど）るのは、ちょっと恥（は）ずかしそうです。	ない。

 ポートフォリオにいれよう

自我評量：（請用星星數量 1-5 表達自己的學習成果，並寫下理由。）

① 我樂於參與日本學校所舉辦的活動。

☆ ☆ ☆ ☆ ☆

理由：

② 我能觀察日本學生所喜愛的活動。

☆ ☆ ☆ ☆ ☆

理由：

③ 我對於各種活動的規則不僅能夠詢問，並能要求說明。

☆ ☆ ☆ ☆ ☆

理由：

④ 我能表達自己的建議，或說明台灣的活動模式。

☆ ☆ ☆ ☆ ☆

理由：

Unit 5

ぶんか ふうど
文化と風土

學習目標

1. 能認識了解日本的主要節慶並比較台日習俗的不同。

2. 能了解不同的風土民情並尊重多元文化。

3. 能調查並比較不同社會文化的禮儀規範。

- 聞いてみよう
- 語句と表現
- やってみよう
  - ①日本文化知多少
  - ②拜訪的禮節
  - ③日本台灣祭典大調查
- 読んでみよう
- ポートフォリオにいれよう

 聞<ruby>聞<rt>き</rt></ruby>いてみよう 17

聽聽看

1. 黃金週

2. 換季了

3. 5月5日兒童節

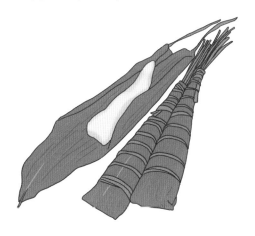

4. 日本的七夕

語句と表現 🔊 18

〔聞いてみよう〕

1. ゴールデンウィーク

2. そういえば

3. 憲法記念日

4. みどりの日

5. 衣替え

6. 季節に合わせる

7. 服を替える

8. 探す

9. 葉っぱ

10. 巻く

11. コーナー

12. あんこ

13. 七夕の笹

14. 願い事

15. 飾る

16. 恋人の日

17. バレンタインデー

〔やってみよう〕

1. 手水鉢

2. 神社にお参りする

3. 裸足

4. 靴を脱ぐ

5. 勝手に触る

6. 手土産

7. 靴を揃える

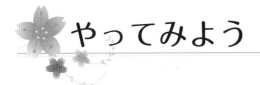

やってみよう 🔊19

①日本文化知多少

「これは何ですか？」、「見たことがありますか？」、「どうやって使い
ますか？」

日本文化について調べよう

	名称	使い方	気付いたこと
例	「手水鉢」	神社やお寺にお参りする前に、手と口を洗うところ。	日本の神社で見たことがあります。
1.			
2.			
3.			

4.			
5.			
6.			
7.			
8.			

②拜訪的禮節

1. 11時から12時の間や、17時以降の訪問は避ける。

2. 裸足で家に上がらない。

3. 靴を脱いだら、揃える。

4. かばんをテーブルの上に置かない。

5. 勝手に物に触らない。

6. 手土産を持っていく。

どうしてでしょうか。考えてください。

1. _____

   _____

2. _____

   _____

3. _____

   _____

4. _____

   _____

5. _____

   _____

6. _____

   _____

③日本台灣祭典大調査

場所、開催時期、お祭りの由来や特色を調べて、発表しよう。

質問例：

・一番興味を持ったお祭りはどれですか。どうしてですか。

〔日本のお祭りの例〕

1.宮城県「仙台七夕祭り」　　　3.長崎県「長崎くんち」

2.大阪府「天神祭」　　　4.秋田県「秋田竿灯祭り」

5. 沖縄県「エイサー祭り」　　　8. 青森県「ねぶた祭」

6. 京都府「祇園祭り」　　　　　9. 福岡県「博多祇園山笠」

7. 徳島県「阿波おどり」　　　　10. 東京都「神田祭」

〔台湾のお祭りの例〕

1. 中元節　　　　　　　　　　　5. 桐花祭

2. 元宵節燈會（北、中、南、東）　6. 鮪魚祭

3. 媽祖遶境　　　　　　　　　　7. 澎湖花火節

4. 豐年祭　　　　　　　　　　　8. 墾丁春吶

日本の発表例：

　　大阪の「天神祭」を紹介します。「天神祭」は日本三大祭の一つです。
大阪天満宮で、毎年 7 月 24 日と 25 日に行われます。
　25 日には「船渡御」といって、天満宮の近くの大川で 100 以上の船が
神様と一緒に川を渡ります。
　　そして、夜には花火もあります。毎年 3 000 ～ 5000 発の花火が上がり
ます。すごいですね。屋台もたくさんあって、とても楽しそうです。
　　それから、お祭りの前日の 23 日の「ギャル神輿」も有名です。若い
女の人たちだけでお神輿を担ぎます。とてもかっこいいです。

台湾の発表例：

　皆さん、こんにちは。これから台湾の媽祖のお祭りについて紹介します。

　台湾には「媽祖」の廟がたくさんあります。毎年旧暦の３月、媽祖の誕生日のころに台湾のいろいろなところで媽祖巡行が行われます。一番有名なのは大甲のお祭りです。これは「媽祖繞境」といって、お神輿と一緒に街の中を何日も歩くお祭りです。長いときは一週間くらいかけてお寺から別の街のお寺まで歩きます。爆竹や音楽、ダンスなどもあって、とてもにぎやかです。いろいろな地方の食べ物も食べられます。疲れたら、休んでもいいです。途中から参加したり、帰ったりすることもできます。媽祖巡行は世界でも珍しい行事です。

紅葉狩り

日本に留学していたとき、いろいろなところへ出かけました。ホームステイの家族も、僕にとても親切で、ときどき週末に郊外へ連れて行ってくれました。

ある日、ホストファミリーのお母さんが、「紅葉狩りに行こう」と誘ってくれました。僕は、紅葉を採って、家に持って帰るのかな?と思いました。善光寺という有名なお寺に行って、お参りをしたり、きれいな景色のところで写真を撮ったりしました。おいしいお蕎麦を食べたあと、車で山をドライブしているとき、僕はお母さんに「紅葉はどこで採りますか?」と聞きました。すると、お母さんは笑って、「紅葉は採らないよ」と言いました。そして、「じゃあ、紅葉狩りはいつしますか?」と聞き返すと、お母さんは「紅葉狩り?今、しているじゃない」と答えました。紅葉狩りというの

は、紅葉している景色を見て楽しむことだそうです。「日本語は難しい
なぁ」と思いました。

　またお母さんは、日本人は紅葉が大好きだということも、教えてく
れました。例えば、広島には「もみじまんじゅう」という和菓子があるそ
うです。そして、大阪には紅葉の葉を天ぷらにして食べられる「紅葉の
天ぷら」で有名な公園があるそうです。

　それから、紅葉は赤く紅葉したものだけじゃなくて、紅葉する前の
緑色の紅葉も、日本人は好きだそうです。それらは「青紅葉」といって、
夏に涼しさを味わいたいときに見るそうです。

単語：紅葉狩り（賞楓）／郊外へ連れて行ってくれる（帯我去郊外）／
誘ってくれる（邀我）／採る（採）／お蕎麦（蕎麥麵）／聞き返す（反
問）／青紅葉（緑楓葉）／涼しさ（涼）

ポートフォリオにいれよう

②拜訪的禮節

「拜訪的禮節」學習單

マナー	理由
1. 食事や食事の準備時間に訪問しない。	お客さんの食事も準備しなければならないから。

③日本台灣祭典大調查

Q：1.台湾と日本のお祭りで同じところはありますか。それは何ですか。 A：
Q：2.台湾と日本のお祭りで違うところはありますか。それは何ですか。 A：
Q：3.日本と台湾のお祭りを調べて、どうでしたか。 A：

ポートフォリオにいれよう

自我評量：（請用星星數量 1-5 表達自己的學習成果，並寫下理由。）

---

❶ 我能認識了解日本的主要節慶並比較台日習俗的不同。

☆ ☆ ☆ ☆ ☆

理由：

---

❷ 我能了解不同的風土民情並尊重多元文化。

☆ ☆ ☆ ☆ ☆

理由：

---

❸ 我能調查並比較不同社會文化的禮儀規範。

☆ ☆ ☆ ☆ ☆

理由：

 Note

Unit 6 外出
がいしゅつ

學習目標

1. 在各種店點餐時能說出自己要的數量及需求。

2. 與朋友用餐時能說出自己的飲食偏好。

3. 購買物品時，能說明顏色、大小、功能、價錢等。

4. 能對美麗的事物表達讚賞。

5. 能與朋友討論網購。

- 聞いてみよう
き

- 語句と表現
ご く　　ひょうげん

- やってみよう
 ①網購高手
 ②外出情境劇
 ③飲食好惡
 ④最佳廣告

- 読んでみよう
よ

- ポートフォリオにいれよう

 聞<ruby>聞<rt>き</rt></ruby>いてみよう

聽聽看

1. 我點餐

2. 便利商店買餐點

3. 逛逛跳蚤市場

4. 購物調貨

語句と表現

〔聞いてみよう〕

1. ミートスパゲッティ

2. 要る

3. 友達に誘われる

4. フリーマーケット

5. 古着

6. T シャツ

7. 長袖

8. サイズ

9. 売り切れる

10. 色違い

11. 取り寄せる

12. 届く

〔やってみよう〕

1. サイト

2. 値段が高い

3. 無料で配送する

4. 評判がいい

5. インフォメーション

6. 注文

7. 春菊

8. 葱

9. キュウリ

10. ゴーヤ

11. セロリ

12. モロヘイヤ

13. パクチー

14. ボーダー

15. おそろい

やってみよう  🔊23

①網購高手

支払い方法（付款方式）：現金（現金）／クレジットカード（信用卡）／
代金引換（取貨付款）／プリペイドカード（預
付卡）

発表例：

　私たちは台湾、日本、アメリカのサイトを見ました。たくさん比べた結
果、日本のものにしました。これを選んだ理由は値段が高くないからで
す。それに無料で配送してくれます。品質はまあまあですが、なかなか評
判がいいです。この靴は台湾ではまだ売っていないので、これにしまし
た。

②外出情境劇

「どこへ買い物に行くか話し合う」、「インフォメーションで聞く」、

「売り場で買い物する」、「レストランで注文する」

場景 1：與朋友商量（友達と話し合う）

A：どこ行く？

B：ＵＳＢを買いたいから、電気屋へ行きたいな。

A：いいよ！

場景 2：在服務台詢問（インフォメーションで聞く）

A：すみません、ＵＳＢはどこですか？

B：2 階のパソコン売り場にございます。

A：ありがとうございます。

場景３：在賣場買東西（売^うり場^ばで買^かい物^{もの}する）

A：すみません、８ＧＢ^{はちギガバイト}のＵＳＢ^{ユーエスビー}メモリはありますか？

B：こちらです。

A：赤^{あか}のをください。

B：かしこまりました。

場景４：在餐廳點餐（レストランで注文^{ちゅうもん}する）

A：ご注文^{ちゅうもん}はお決^きまりですか？

B：ハンバーガーとコーラをください。

A：ハンバーガーお一^{ひと}つと、コーラお一^{ひと}つですね？

B：はい。

A：かしこまりました。少々^{しょうしょう}お待^まちください。

③飲食好惡

台灣：

1. 香菜（パクチー）

2. 蔥（ねぎ）

3. 小黃瓜（キュウリ）

4. 茄子（なす）

5. 番茄（トマト）

日本：

1. ゴーヤ

2. セロリ

3. モロヘイヤ

4. 春菊

5. ブロッコリー

・「好きな食べ物は何ですか。」、「苦手な食べ物は何ですか。」

・「どうしてですか。」

・「李君の好きな食べ物は何ですか。苦手な食べ物は何ですか。」

④最佳廣告

・どこで買<ruby>買<rt>か</rt></ruby>いましたか。

・<ruby>値段<rt>ねだん</rt></ruby>はどうでしたか。

・<ruby>色<rt>いろ</rt></ruby>、<ruby>柄<rt>がら</rt></ruby>、<ruby>大<rt>おお</rt></ruby>きさ、<ruby>使<rt>つか</rt></ruby>いやすさはどうですか。

<ruby>発表例<rt>はっぴょうれい</rt></ruby>：

<ruby>青<rt>あお</rt></ruby>と<ruby>緑<rt>みどり</rt></ruby>と<ruby>赤<rt>あか</rt></ruby>のボーダーのポーチ

　これは永康街で<ruby>買<rt>か</rt></ruby>いました。<ruby>台湾<rt>たいわん</rt></ruby>のおばあちゃんが<ruby>買<rt>か</rt></ruby>い<ruby>物<rt>もの</rt></ruby>に<ruby>行<rt>い</rt></ruby>く<ruby>時<rt>とき</rt></ruby>の<ruby>鞄<rt>かばん</rt></ruby>と<ruby>同<rt>おな</rt></ruby>じ<ruby>柄<rt>がら</rt></ruby>ですが、<ruby>日本人<rt>にほんじん</rt></ruby>の<ruby>友達<rt>ともだち</rt></ruby>がかわいいと<ruby>言<rt>い</rt></ruby>っていたので、おそろいで<ruby>買<rt>か</rt></ruby>いました。３９０<ruby>元<rt>げん</rt></ruby>でした。<ruby>最初<rt>さいしょ</rt></ruby>はあまり<ruby>可愛<rt>かわい</rt></ruby>くないと<ruby>思<rt>おも</rt></ruby>いましたが、<ruby>持<rt>も</rt></ruby>っているうちに<ruby>好<rt>す</rt></ruby>きになりました。

インターネットショッピング

　生命保険文化センターの2016年の調査では、日本の高校生の3人に1人がインターネットで商品を「よく買う」または「ときどき買う」と答えました。高校1年生と2年生では洋服や靴を買う人が一番多く、3年生は本を買うと答えた人が一番多かったそうです。その他にはＤＶＤやＣＤ、雑貨という答えもありました。

　インターネットで商品を買うとき、コンビニでお金を支払う人が一番多く、次に代金引換、プリペイドカードという答えが続いていました。代金引換とは商品が届いたときにお金を払う方法で、プリペイドカードは先にカードにお金を入れておいて、買い物をするときに使います。

　商品は家まで届けてもらうことも、コンビニで受け取ることもできます。台湾も同じです。私は、台湾にいた時も、よくインターネットショッ

ピングをしました。

　今日の放課後、友達にインターネットで一緒に服を買おうと誘われました。サイトには雑誌に載っていた可愛い商品がたくさんありました。ネットで買ったほうが安いし、便利だから、一緒におそろいのを買おうと友達が言ってくれました。

　しかし、友達はアルバイトで貯めたお金で買うから、いいのですが、私はアルバイトをしていないし、先月素敵な文房具をたくさん買ったから、やはり節約したほうがいいと思って、諦めました。

単語：インターネットショッピング（網購）／雑貨（雑貨）／代金引換（貨到付款）／プリペイドカード（預付卡）／文房具（文具）／節約する（節約）

ポートフォリオにいれよう

①網購高手

「網購高手」學習單

	サイト	値段 （ねだん）	送料 （そうりょう）	保証期間 （ほしょうきかん）	支払い方 （しはらいかた）	メモ
例	こんにちは ネット	390元 （さんびゃくきゅうじゅうげん）	100元 （ひゃくげん）	7日 （なのか）	代金引換 （だいきんひきかえ）	1000元以上は （せんげんいじょう） 送料無料 （そうりょうむりょう）

註：各組整理討論結果，準備發表，其中價格需換算成台幣。

③飲食好惡

「飲食好惡」學習單

	友達 （ともだち）	好きな食べ物 （すきなたべもの）	苦手な・嫌いな食べ物 （にがてな・きらいなたべもの）	メモ
例	李さん （りさん）	チョコレート	パクチー	甘いものが大好き （あまいものがだいすき）
	さん			
	さん			
	さん			

ポートフォリオにいれよう

自我評量：（請用星星數量 1-5 表達自己的學習成果，並寫下理由。）

❶ 我在各種店點餐時能說出自己要的數量及需求。

☆ ☆ ☆ ☆ ☆

理由：

❷ 我與朋友用餐時能說出自己的飲食偏好。

☆ ☆ ☆ ☆ ☆

理由：

❸ 我購買物品時，能說明顏色、大小、功能、價錢等。

☆ ☆ ☆ ☆ ☆

理由：

❹ 我能對美麗的事物表達讚賞。

☆ ☆ ☆ ☆ ☆

理由：

❺ 我能與朋友討論網購。

☆ ☆ ☆ ☆ ☆

理由：

Unit 7 アクシデント

學習目標

1. 遇見特殊狀況或危險處境時，能夠尋求解決。

2. 發生事故時，能學會求救方法。

3. 能與朋友討論身邊可疑的人、事、物，理解狀況並避免受波及。

- 聞いてみよう
- 語句と表現
- やってみよう
   ①防身用品
   ②防身知識知多少
   ③困境逃脫
- 読んでみよう
- ポートフォリオにいれよう

 聞いてみよう 25

聽聽看

1. 緊急狀況發生

2. 遲到連絡

3. 尋找失物

4. 夜行安全

語句と表現 🔊26

〔聞いてみよう〕

1. 線路内
2. 緊急停止する
3. 安全
4. 確認する
5. 運転再開する
6. しばらく
7. 事故
8. 動く
9. 授業に遅れる
10. 遅刻する
11. 遅延証明書

12. 鉄道会社
13. 忘れ物センター
14. 登録する
15. パスケース
16. IC カード
17. 手巻き寿司
18. 夕飯
19. 楽しそうだ
20. ひったくり
21. 痴漢

〔やってみよう〕

1. 防犯ホイッスル
2. 防犯ブザー

3. 反射板キーホルダー
4. スリ防止チェーン

5. 自転車のワイヤーロック

6. 車両

7. 通学する

8. ぶつかりそうになる

9. 聞こえる

10. 自転車に気をつける

11. 爆弾

12. 窓口

13. ぶつかる

14. 怪我

15. 変な人

16. 付きまとわれる

やってみよう

27

①防身用品

どんなものですか。

・防犯_{ぼうはん}ホイッスル

・防犯ブザー

・反射板キーホルダー

・スリ防止チェーン

・自転車のワイヤーロック

「防犯ホイッスルはどんな時に使いますか」。

88

②防身知識知多少

防身意識大調査

状況	判断
例 歩きながら携帯で電話をしたり、LINE やメールをしたりする。	×
1. かばんに名前が分かるものをつける。	
2. 夜、窓を開けて寝る。	
3. 毎日同じ時間の電車の同じ車両に乗って通学する。	
4. 防犯ブザーを見えるところにつける。	
5. インターネットで友達になった人に「会いたいから住所を教えて」と言われて、住所を教える。	
6. 夜遅くに家に帰るときは、早く帰りたいので、暗くても近い道を選ぶ。	
7. 「急にお腹が痛くなったので、一緒に車に乗って、近くの病院まで案内してほしい」と言われたので、車に乗って病院まで案内する。	

8. 駅で忘れ物の紙袋を見つけたので、開けて何が入っているかを見て、自分で窓口まで持っていく。	
9. 車いすの人にトイレまで押してほしいと頼まれたので、トイレの中まで押していってあげる。	
10.	
11.	
12.	

例「×」の理由：周囲の状況に注意していなくて、危ないからです。

対策：携帯を使うときは、安全なところで止まって使いましょう。

（シナリオ脚本）

1. 歩きながら携帯で電話をしたり、LINE やメールをしたりする例。

　歩きながら携帯で電話をしている女の子。

　後ろから自転車が来て、ぶつかりそうになる。

注意をするクラスメート「危ない！歩きながら携帯で電話をしていると、事故にあうよ！！音楽を聴くのもだめ！バイクや車、自転車の音が聞こえないでしょ。歩くときはバイクや車、自転車に気をつけてね！」

2. 駅でホームの椅子の下にある不審な紙袋に気づく 3 人。

A：「あれ、何だろ。忘れ物かな？何が入ってるか、開けて見てみよう。」

B：「だめだよ。もし、爆弾や危険なものが入っていたら、危ないよ。」

C：「じゃあ、窓口まで持って行こう。」

B：「だめだめ。自分で持っていくのも危ないよ。駅員さんや警察にすぐに通報しよう。」

（窓口まで行く）

B：「すみません、ホームの椅子の下に紙袋があるんですけど……。誰かの忘れ物かもしれません。」

係員：「そう。教えてくれてありがとう。」

③困境逃脱

1.「家へ帰る途中、スマホがなくなったと気付いた。」への対処方法。

_____

2.「学校のグラウンドでボールに当たって怪我をした。」への対処方法。

_____

3.「自転車で人とぶつかった。」への対処方法。

_____

4.「町で変な人に付きまとわれた。」への対処方法。

_____

読んでみよう 🔊 28

安全第一（あんぜんだいいち）

　留学（りゅうがく）でも旅行（りょこう）でも、一番大事（いちばんだいじ）なのは何（なん）といっても安全（あんぜん）です。日本（にほん）に行（い）くと、楽（たの）しいことがたくさんあって、つい油断（ゆだん）してしまうかもしれません。やはり外国（がいこく）ですから、いつも周（まわ）りをよく観察（かんさつ）して、安全（あんぜん）に過（す）ごさなくてはいけません。

　世界中（せかいじゅう）どこにでも、いい人（ひと）もいれば悪（わる）い人（ひと）もいます。街（まち）で知（し）らない人（ひと）に声（こえ）をかけられた時（とき）は注意（ちゅうい）しましょう。特（とく）に、周（まわ）りに人（ひと）がいない場合（ばあい）は要注意（ようちゅうい）です。もし怪（あや）しいと思（おも）ったら、「友達（ともだち）と約束（やくそく）があるので」と言（い）って、立（た）ち去（さ）りましょう。断（ことわ）ってもついてくる場合（ばあい）は、コンビニなどのお店（みせ）に入（はい）って助（たす）けを求（もと）めましょう。

　また、暗（くら）くなったら人（ひと）の少（すく）ない道（みち）ではなく、明（あか）るくて人（ひと）の多（おお）い道（みち）を歩（ある）きましょう。住宅地（じゅうたくち）などの静（しず）かなところでは、ひったくりが出（で）ることがあ

りします。電車や街中など混んでいるところでは、痴漢やスリに注意しましょう。短すぎるスカートや肌のたくさん見える服は痴漢に遭いやすいです。お財布や大事なものを取られないように、かばんの持ち方やお財布を入れる場所に気をつけましょう。

　やはり、安全に気をつけてこそ、留学や旅行を楽しめます。万が一、怪我をしたり、犯罪に巻き込まれたら、大変なことになりますから、気をつけましょう。どこにいても、自分を守ることが一番大切です。

単語：つい（不由自主）／油断（粗心）／観察（観察）／過ごす（過日子）／人に声をかけられる（被搭訕）／要注意（必須留意）／立ち去る（離去）／断る（拒絶）／住宅地（住宅區）／ひったくり（搶劫）／混んでいる（人多擁擠）／痴漢（色狼）／スリ（扒手）／万が一（萬一）／犯罪に巻き込まれる（捲入犯罪）

ポートフォリオにいれよう

③困境逃脱

「困境逃脱」學習單

状況	対処方法
例 電車が止まってしまって、帰れない。	①ホームステイの家族に電話する。 ②状況を把握する。もし、長く動かない場合、バスに乗る、歩いて帰るなど、他の帰る方法を考える。
1. 家へ帰る途中、スマホがなくなったと気付いた。	
2. 学校のグラウンドでボールに当たって怪我をした。	
3. 自転車で人とぶつかった。	
4. 町で変な人に付きまとわれた。	

ポートフォリオにいれよう

自我評量：（請用星星數量 1-5 表達自己的學習成果，並寫下理由。）

❶ 我遇見特殊狀況或危險處境時，能夠尋求解決。

☆ ☆ ☆ ☆ ☆

理由：

❷ 發生事故時，我能學會求救方法。

☆ ☆ ☆ ☆ ☆

理由：

❸ 我能與朋友討論身邊可疑的人、事、物，理解狀況並避免受波及。

☆ ☆ ☆ ☆ ☆

理由：

Note

しぜんさいがい
自然災害

 學習目標

1. 能聽懂電視對颱風、地震等自然災害的播報並採取防災準備行動。

2. 發生特別事故時，能聽懂交通運輸的廣播及搜尋避難相關資訊。

3. 理解、學習對不同文化的受災害者表達關切的方法。

- 聞^きいてみよう

- 語句^{ごく}と表現^{ひょうげん}

- やってみよう
  ①防災智囊團
  ②避難包

- 読^よんでみよう

- ポートフォリオにいれよう

聞いてみよう

聽聽看

1. 颱風警報

2. 防震演習

3. 地震發生

4. 豪大雨發生

語句と表現 🔊30

〔聞いてみよう〕

1. 大型
2. 台風
3. 進む
4. 上陸する
5. 暴風域
6. 大雨
7. 知らせ
8. 警報
9. 注意報
10. 放送
11. 避難訓練
12. 黄色い座布団をかぶる
13. 防災頭巾
14. 人を押す
15. 駆ける

16. しゃべる
17. 揺れる
18. びっくり
19. 余震
20. とにかく
21. 倒れそうな棚
22. クッション
23. 保護
24. 収まる
25. あわてる
26. その通り
27. 避難指示
28. 大雨注意報
29. 気象情報

〔やってみよう〕

1. 対策
   <ruby>対策<rt>たいさく</rt></ruby>

2. 道が凍っている
   <ruby>道<rt>みち</rt></ruby>が<ruby>凍<rt>こお</rt></ruby>っている

3. 滑り止め
   <ruby>滑<rt>すべ</rt></ruby>り<ruby>止<rt>ど</rt></ruby>め

4. 雪道専用
   <ruby>雪道専用<rt>ゆきみちせんよう</rt></ruby>

5. 人が通っていない
   <ruby>人<rt>ひと</rt></ruby>が<ruby>通<rt>とお</rt></ruby>っていない

6. 滑る
   <ruby>滑<rt>すべ</rt></ruby>る

7. 屋根
   <ruby>屋根<rt>やね</rt></ruby>

8. 懐中電灯
   <ruby>懐中電灯<rt>かいちゅうでんとう</rt></ruby>

9. トイレットペーパー

10. 災害
    <ruby>災害<rt>さいがい</rt></ruby>

やってみよう

①防災智嚢團

「地震グループ」、「大雨グループ」

例：

Q：家にいる時、地震が起きたら、どうしたらいいですか。

A：激しい揺れは短いです。家具が倒れることがあるから、早く机やテーブルの下に入ってください。自分の頭を守ってください。そして、揺れが収まったら、火を消してください。

Q：外にいる時は、どうすればいいですか。

A：建物の近くは窓ガラスや看板が落ちてくるかもしれません。早く建物から離れるようにしてください。

Q：地下街やスーパーにいるときは、どうすればいいですか。

A：倒れやすいものや棚から落ちてくるものに気をつけてください。非常口の近く、ものがないところが安全です。

災害	場所	対策
例 大雪が降った翌日	学校へ行く道	1. 道が凍っているから、滑り止めを付けた靴を履くか、雪道専用の靴を履く。 2. 滑るかもしれないから、人が通っていない場所を通らない。 3. 屋根から雪やつららが落ちてくるから、屋根のすぐ下を歩かない。
地震	①家 ②外 ③地下街 ④スーパー	
大雨	①家 ②外 ③地下街 ④川の近く	

②避難包

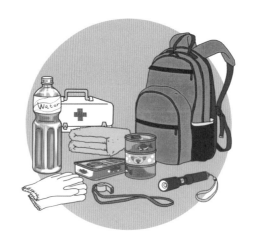

避難するときのかばんに何が入っていますか。

→ 水、懐中電灯、靴、トイレットペーパー、チョコレートがあります。

発表例：

　私たちのかばんには救急箱が入っています。

　なぜ救急箱かというと、災害時は怪我をすることがよくあるからです。
また、避難している時に具合が悪くなることもあります。薬局が開いてい

ないかもしれませんから、持っていないと困ります。

読んでみよう 🔊 ③②

自然災害への準備

　地球温暖化の影響で、気候に異変が起こるようになりました。例えば、台湾も日本もとても暑い日が続いたり、急な大雨が降ったりすることがよくあります。台風や地震などの自然災害もいつ起こるか分かりません。普段から準備をしておきましょう。

　日本では「自然災害への準備をしっかりしましょう」と呼びかけています。例えば、もし大きな地震で電車が止まってしまったらどうやって帰るか普段から考えて準備しています。そして、家から避難しなければいけなくなったらどうするか家族と話し合うことや、自分の住んでいる地域の情報を集めておくことは大切だとされています。

　皆さん、非常時のための準備はしていますか。災害の影響で買い物に行けなくなったり、スーパーに商品が来なくなったときのために、

数日分の水や食料が用意してありますか。

　また、日本で大きな災害があったとき、友達に連絡するのは少し待ってからの方がいい場合もあります。もしかしたら、相手は携帯電話の充電が出来ないところに避難しているかもしれません。家族と連絡するのに携帯電話が必要かもしれません。友達の安否を心配して、すぐ電話したくなる気持ちはよく分かります。しかし、被害の状況と相手のことを考えなければなりません。連絡は状況が少し落ちついてからしたほうがいいです。

単語：自然災害（自然災害）／地球温暖化（地球暖化）／影響（影響）／異変が起こる（發生異常）／普段から（平時）／食料（食品）／用意（準備）／充電（充電）／安否（平安與否）／被害（被害）

ポートフォリオにいれよう

②避難包

「避難包」學習單

物(もの)	理由(りゆう)
例 救急箱(きゅうきゅうばこ)	避難(ひなん)する時(とき)、怪我(けが)をすることがある。 いつもと違(ちが)う環境(かんきょう)では体調(たいちょう)が悪(わる)くなることがよくある。

ポートフォリオにいれよう

自我評量：（請用星星數量 1-5 表達自己的學習成果，並寫下理由。）

❶ 我能聽懂電視對颱風、地震等自然災害的播報並採取防災準備行動。

☆ ☆ ☆ ☆ ☆

理由：

❷ 發生特別事故時，我能聽懂交通運輸的廣播及搜尋避難相關資訊。

☆ ☆ ☆ ☆ ☆

理由：

❸ 我理解、學習對不同文化的受災害者表達關切的方法。

☆ ☆ ☆ ☆ ☆

理由：

Note

國家圖書館出版品預行編目資料

こんにちは 你好 ④ 課本＋練習冊 / 陳淑娟著
-- 初版 -- 臺北市：瑞蘭國際, 2020.03
176面；19×26公分 --（日語學習系列；47）
ISBN：978-957-9138-66-6（第4冊：平裝）
1.日語 2.教材 3.中小學教育

523.318   109000758

日語學習系列 47

こんにちは 你好 ④ 課本＋練習冊

作者｜陳淑娟
編撰小組｜廖育卿、彥坂はるの、芝田沙代子、田中綾子、山本麻未、
　　　　　今中麻祐子、鍾婷任
責任編輯｜葉仲芸、王愿琦
校對｜陳淑娟、廖育卿、彥坂はるの、葉仲芸、王愿琦

日語錄音｜後藤晃、彥坂はるの、芝田沙代子
錄音室｜采漾錄音製作有限公司
封面設計｜陳盈、余佳憓、陳如琪
版型設計、內文排版｜陳如琪
美術插畫｜吳晨華

瑞蘭國際出版
董事長｜張暖彗・社長兼總編輯｜王愿琦
編輯部
副總編輯｜葉仲芸・副主編｜潘治婷・文字編輯｜林珊玉、鄧元婷
設計部主任｜余佳憓・美術編輯｜陳如琪
業務部
副理｜楊米琪・組長｜林湲洵・專員｜張毓庭

出版社｜瑞蘭國際有限公司・地址｜台北市大安區安和路一段104號7樓之1
電話｜(02)2700-4625・傳真｜(02)2700-4622・訂購專線｜(02)2700-4625
劃撥帳號｜19914152 瑞蘭國際有限公司・瑞蘭國際網路書城｜www.genki-japan.com.tw

法律顧問｜海灣國際法律事務所　呂錦峯律師

總經銷｜聯合發行股份有限公司・電話｜(02)2917-8022、2917-8042
傳真｜(02)2915-6275、2915-7212・印刷｜科億印刷股份有限公司
出版日期｜2020年03月初版1刷・定價｜380元・ISBN｜978-957-9138-66-6

 PRINTED WITH SOY INK™ 本書採用環保大豆油墨印製